„Das Leben ist keine Wissenschaft, sondern eine Mischung aus Wissen, Empathie und Fantasie."

ARTIFICIAL THINKING
Gedanken über den Weg zum Visionären

Andreas Wundersee

ÜBER DEN AUTOR

Andreas Wundersee hat Europäische Kunstgeschichte sowie Byzantinische Archäologie und Kunstgeschichte studiert. Seine Abschlussarbeit hat er über den von Otl Aicher gestalteten Bildband „Wilhelm von Ockham. Das Risiko modern zu denken" geschrieben.

Nach dem Studium hat er sich selbständig gemacht, seitdem arbeitet er als Künstler und Designer. Er hat während einer Sitzung im Stuttgarter Landtag sowie bei einer Aufzeichnung des NEO Magazins mit Jan Böhmermann gemalt und für Festivals Installationen konzipiert und realisiert. Sein Werk umfasst Fotografien, Videos und Performances. 2020 ist er ausschließlich mit dem Fahrrad gereist und hat seine Erfahrungen und Erlebnisse dabei in Texten, Fotos und Videos verarbeitet.

Sein letztes Kunstprojekt „Heilt Kunst die Wunden" waren einstündige Therapiegespräche ohne Heilversprechen, aber mit der Möglichkeit, die Viren im Kopf mit einem Künstler zu teilen.

ÜBER DAS BUCH

Bibliografische Information der Deutschen Nationalbibliothek: Die Deutsche Nationalbibliothek verzeichnet diese Publikation in der Deutschen Nationalbibliografie; detaillierte bibliografische Daten sind im Internet über dnb.dnb.de abrufbar.

Inhalt und Gestaltung
Andreas Wundersee

Korrektorat
Friederike Mayer-Lindenberg

© 2021, Andreas Wundersee

Herstellung und Verlag:
BoD - Books on Demand, Norderstedt

ISBN 978-3-7534-4020-0

Danke an Olga Weber, Rita Hinterleitner, Pia Claes, Maria Mast, Christian Oertel und Klara Landwehr.

INHALTSVERZEICHNIS

VORWORT

Ich habe den Begriff des künstlichen Denkens eingeführt, um mir und anderen meine Denk- und Arbeitsweise zu erklären. Ich bin Künstler und möchte das Potential der Kunst nutzen, um Kunstwerke zu erschaffen, die mein emotionales, rationales und künstliches Denken weiterentwickeln. Rationales Denken fördert den Wissensaufbau und formt den Kopf. Durch emotionales Denken schulen wir unser Herz, wir lernen mit unseren Emotionen umzugehen und erlernen Empathie. Künstliches Denken ist die Ebene, die mir hilft mit meiner Fantasie, mit meinen Träumen und Ängsten umzugehen.

Diese Form des Denkens, das Artificial Thinking, ist für mich sehr eng mit der Kunst verknüpft. Ein gutes Kunstwerk vermittelt Träume, verarbeitet Ängste oder regt die Fantasie an. Ein Kunstwerk ist in der Lage mit Betrachter:innen zu kommunizieren, indem das Werk sie berührt und auf unterschiedlichen Ebenen zum Denken bringt. Ein Kunstwerk kann zwar keine Fragen beantworten, aber die Kunst hat das Potential, dem Leben einen Sinn zu verleihen, indem Kunstwerke die Betrachter:innen inspirieren, sich selbst gestellte Fragen zu beantworten. Wir können zwar Freunde, Fremde oder die Welt nach dem Sinn des Lebens fragen, aber es kann nur jede:r dem eigenen Leben einen Sinn verleihen.

Ich glaube, dass wir für einen visionären Lebensstil das emotionale, rationale und künstliche Denken gleichermaßen in unser Denken und Handeln einbeziehen müssen. Wer Wissen, Empathie und Fantasie gleichermaßen gerecht wird, wird zur Visionär:in. Visionen sind keine Wunder. Wir gestalten die Zukunft, indem wir sie durch unsere Entscheidungen und unsere Entwicklung beeinflussen. Nichts passiert zufällig oder durch göttliche Einflussnahme, sondern alles geschieht durch unser Denken und Handeln.

Ich möchte mit diesem Werk den Leser:innen mein Modell für den Weg zur Visionär:in näherbringen, indem ich die unterschiedlichen Ebenen des Denkens und Handelns erkläre.

Ich versuche, diese in einen Zusammenhang zu setzen, so dass jede:r eigene Gedanken fassen kann, und möchte damit zeigen, dass jede:r das Potential hat, zur Visionär:in zu werden.

EINFÜHRUNG INS KÜNSTLICHE DENKEN

Das künstliche Denken ergänzt das emotionale und rationale Denken. Ich entwickle das rationale Denken weiter, indem ich Wissen über die Welt ansammle und mein Hirn dadurch immer komplexere Zusammenhänge entschlüsseln kann. Emotionales Denken fördere ich, indem ich mich mit meinen eigenen sowie den Gefühlen anderer beschäftige und mein Herz anwächst. Dadurch kann ich mich besser in die Lage anderer Menschen versetzen. Meine Fantasie verarbeite ich, indem ich mich meinen Träumen und Ängsten stelle. Das künstliche Denken ist eine Konstruktion, die etwas abbilden und erklären soll, was ich weder mit Worten noch mit Bildern erklären kann. Wissen, Empathie und Fantasie verleihen meinem Leben einen Sinn und helfen mir, meine Visionen umzusetzen. Ich bin davon überzeugt, dass wir nicht nur im Schlaf unsere Träume steuern können, sondern durch bewusste Entscheidungen, die auf Wissen, Empathie und Fantasie basieren, auch unser Leben so beeinflussen können, dass wir unsere Visionen realisieren.

Vision: „Ich möchte durch Kunstverkäufe mein Leben finanzieren"

Rationale Gedanken

Ich muss Aufmerksamkeit gewinnen, damit sich mehr Menschen für meine Kunst interessieren. Außerdem brauche ich Produkte, die ich verkaufen kann, um Geld zu verdienen.

Emotionale Gedanken

Meine Kunst muss die Betrachter:innen berühren, damit sie darin einen Wert sehen und bereit sind, für ein Kunstwerk zu bezahlen.

Künstliche Gedanken

Ich möchte meine Fantasie, meine Ängste und Träume in meinen Kunstwerken verarbeiten und die Betrachter:innen inspirieren.

Umsetzung

Bei diesem Beispiel gibt es zwar Schnittmengen zwischen rationalem und emotionalem Denken, aber das künstliche Denken, meine Fantasie, Träume und Ängste bilden keine Schnittmenge mit Wissen und Empathie, sondern sind eine Insellösung. Das führt dazu, dass ich mich entweder in meiner Fantasie verliere oder meine Träume verraten muss, um durch Kunstverkäufe mein Leben zu finanzieren.

Das künstliche Denken dreht sich in diesem Fall nur um mich.

Um meine Vision umzusetzen, bin ich aber auf andere angewiesen.

Abb. 1: Fehlende Schnittmenge zwischen rationalem, emotionalem und künstlichem Denken

Um eine Vision umzusetzen, muss die Schnittmenge aus Träumen, Empathie und Wissen gebildet werden. Dabei können Expert:innen helfen. Im genannten Beispiel könnten sie sich um die Vermarktung meiner Kunst kümmern oder mir Themen aufzeigen, die mich und potentielle Käufer:innen formal und inhaltlich interessieren.

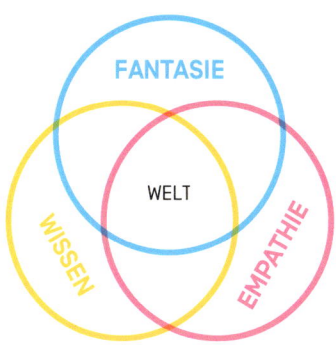

Abb. 2: Eine Welt, die Wissen, Empathie und
Fantasie in sich vereint

Dieses Modell gilt für eine Welt, die auf Wissen, Empathie und Fantasie beruht. Um Visionen anders umzusetzen, können wir auch daran arbeiten, die Vielfalt der Welt zu verkleinern,[1] indem es nur noch Wissen, Empathie oder Fantasie gibt. In einer Wissensgesellschaft wäre beispielsweise nur rationales Denken erforderlich, um eine Vision umzusetzen.

Abb. 3: Wissensgesellschaft

---

1 Mehr dazu in „Die Vereindeutigung der Welt: Über den Verlust an Mehrdeutigkeit und Vielfalt" von Thomas Bauer (Reclam 2018).

Wissen, Empathie und Fantasie haben Überschneidungen. Es gibt immer emotionale und rationale Gründe dafür, sich mit Träumen und Ängsten auseinanderzusetzen. Es erfordert Mut, dass wir uns von der Möglichkeit des Scheiterns nicht einschüchtern lassen, sondern durch unser Denken und Handeln herausfinden, wie wir unsere Visionen umsetzen.

Durch unser Handeln entwickeln wir uns weiter und werden sensibler. Vier Beispiele sollen zeigen, wie wir uns durch unser Handeln weiterentwickeln können; sie können auch exemplarisch für einzelne Lebensabschnitte stehen.

Beispiel 1: Ein Leben ohne Höhen und Tiefen

Ein Leben ohne Höhen und Tiefen entsteht entweder, weil wir kein Risiko eingehen und deshalb keine neuen Erfahrungen machen. Oder weil wir die Höhen und Tiefen nicht als solche wahrnehmen.

Abb. 4: Ein Leben ohne Höhen und Tiefen

Beispiel 2: Ein Leben mit wiederkehrendem Muster

Es findet keine Entwicklung statt, sondern im Leben (Abb. 5) wiederholen sich die gleichen Muster. Es entsteht ein Leben mit Höhen und Tiefen, das nur auf rationalen, emotionalen oder künstlichen Entscheidungen basiert. Anstatt mit Mustern zu brechen, werden Strategien entwickelt, wie wir wieder aus den Talsohlen kommen. Das kann trotzdem genauso wie Beispiel 1 zu einem erfüllten und glücklichen Leben führen.

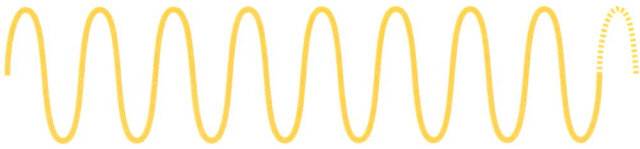

Abb. 5: Ein Leben mit wiederkehrenden Entscheidungsmustern

Beispiel 3: Weiterentwicklung zur Expert:in

Wenn wir uns zu Expert:innen entwickeln, durchleben
wir Höhen und Tiefen. Wir nutzen unser Leben, um aus
begangenen Fehlern zu lernen und unser Denken zu
sensibilisieren, so dass wir in einem Bereich zur Expert:in
werden. Gemeinsam mit anderen Expert:innen, die unser
fehlendes Fachwissen ausgleichen, sind wir in der Lage,
Visionen zu realisieren.

Abb. 6: Entwicklung zur Fachexpert:in

Beispiel 4: Entwicklung zur Visionär:in

Wenn wir uns zur Visionär:in entwickeln wollen, müssen
wir unser Denken in allen drei Bereichen sensibilisieren.
Wissen, Empathie, Träume und Ängste sind unterschiedlich
stark in uns ausgeprägt und entwickeln sich unabhängig
voneinander. Je weiter wir uns entwickeln, umso leichter fällt
es, durch rationales, emotionales und künstliches Denken
allen Bereichen gleichermaßen gerecht zu werden.

Abb. 7: Entwicklung zur Visionär:in

Wie die Arbeit an einer Vision aussehen kann

Vision: „Ich möchte ein Restaurant eröffnen"

Möchte man ein Restaurant eröffnen, sind viele Kompetenzen gefragt. Es muss ein Ambiente entstehen, in dem sich die Gäste wohl fühlen und das Angebot auf sie abgestimmt ist. Die Angestellten müssen geführt und auch die Buchhaltung darf nicht vernachlässigt werden. Damit die Vision erfolgreich umgesetzt wird, können die eigenen Fähigkeiten durch Expert:innen erweitert werden.

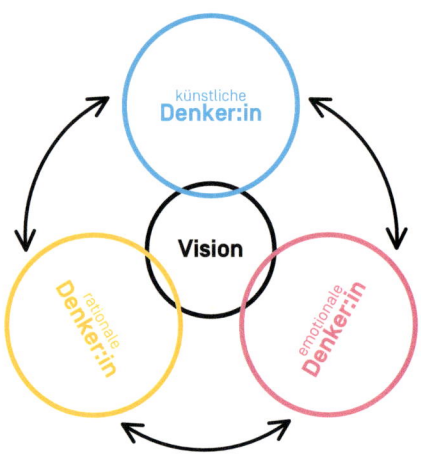

Abb. 8: Runde mit Fachexpert:innen

Die Expert:innen müssen sich gegenseitig zuhören und sollten sich idealerweise ergänzen. Durch einen offenen und ehrlichen Dialog kann ein Plan entwickelt werden, wie die nächsten Schritte auf dem Weg zur Restauranteröffnung aussehen.

Die Expert:innen dürfen allerdings nicht auf ihrer Meinung beharren. Deshalb ist es hilfreich, wenn sie nicht nur in ihrem Fachgebiet denken, sondern die Rollen innerhalb der Gruppe wechseln.

Wenn sich die Fachexpert:innen in die anderen Denker:innen nicht nur hineinversetzen können, sondern ebenfalls in anderen Bereichen denken können, entsteht ein umfassenderes Feedback.

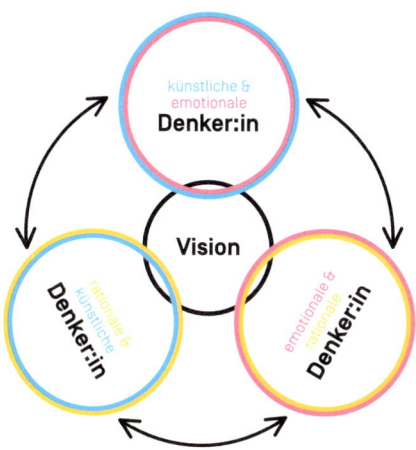

Abb. 9: Runde mit Expert:innen

In diesem Beispiel könnten zwei Personen eigene Erfahrungen als Unternehmer:innen gemacht haben. Die Runde würde davon profitieren, dass zwei Personen ihre Erfahrungen einbringen und sie sich bei unternehmerischen Fragen gegenseitig unterstützen. Außerdem fällt es ihnen leichter, die Erfahrungen der anderen Person fachlich einzuschätzen.

Wenn jemand ein Restaurant eröffnen möchte, kann es viele im Umfeld geben, die ihre Gedanken einbringen wollen und sich für Expert:innen halten. Es ist gut, mehrere Meinungen einzubeziehen und sich mit gegensätzlichen Meinungen zu konfrontieren, um herauszufinden, was der beste Weg ist, um die eigene Vision umzusetzen. Damit die Meinungen und Gedanken nicht zu viel werden, ist es hilfreich, wenn im Zentrum der Expertenrunde nicht die Vision steht, sondern eine Visionär:in sitzt, die zwischen den Expert:innen vermitteln kann und dabei hilft zu entscheiden, was als nächstes gemacht wird.

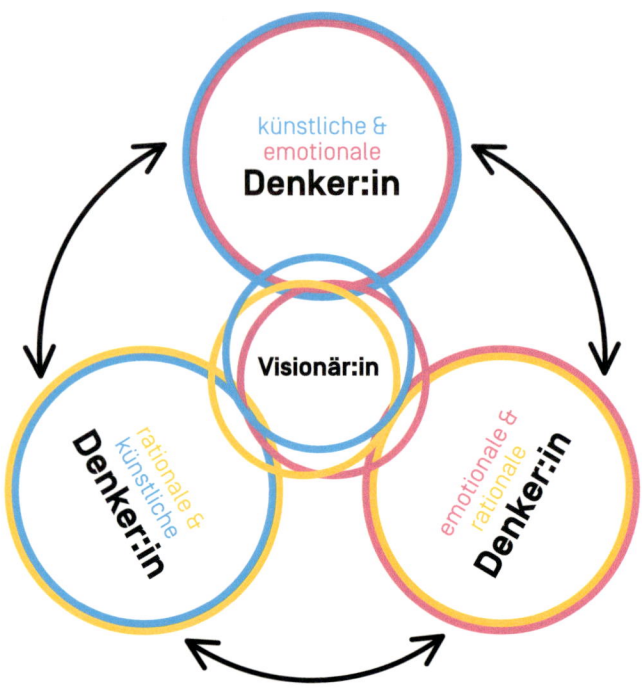

Abb. 10: Expertenrunde mit Visionär:in

Eine Visionär:in kann, sollte aber nicht alleine an der eigenen Vision arbeiten. Wenn jemand alle Fähigkeiten besitzt, um ein Restaurant alleine zu eröffnen, sind das zwar die idealen Voraussetzungen, um die Vision umzusetzen. Aber auch die Visionär:in ist nicht in der Lage, das eigene Handeln selbstkritisch zu hinterfragen. Deshalb kann auch die Visionär:in Fehler nur vermeiden, indem sie die Rückmeldung von anderen in ihr Handeln einbezieht. Dafür ist es wichtig, die eigenen Ideen und Vorstellungen mit anderen zu teilen.

Selbst wenn andere sagen, dass die Visionär:in selbst wisse, was sie zu tun hat, wird die Visionär:in durch die Gedanken anderer ihr Denken und Handeln neu mit sich verhandeln und sich dadurch weiterentwickeln. Jede:r ist darauf angewiesen, das eigene Denken und Handeln gespiegelt zu bekommen.

Wir können das Spiegelbild nutzen, um herauszufinden, was uns an uns nicht gefällt und was wir ändern möchten. Eine Visionär:in ist sich auch darüber bewusst, dass das Spiegelbild der anderen umso präziser ausfällt, je offener sie mit anderen kommuniziert. Und wir sind erst dann visionär, wenn wir keine Angst davor haben, was wir gespiegelt bekommen, wenn wir unsere Träume und Visionen mit anderen teilen.

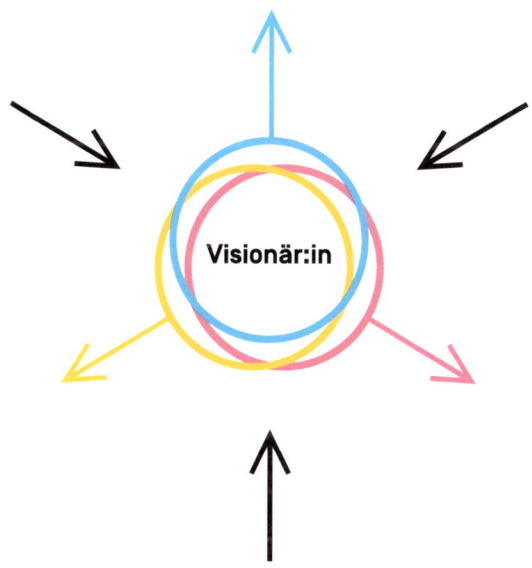

Abb. 11: Arbeitsweise einer Visionär:in

Die Umsetzung vieler Visionen erfordert technische Hilfsmittel oder kann durch technische Hilfsmittel vereinfacht werden. Künstliche Intelligenz kann allerdings noch nicht künstlich denken. Technik ist nicht visionär und wir sollten ihr nicht zu viel Verantwortung übertragen.

KÜNSTLICHE INTELLIGENZ

Algorithmen können uns beim rationalen Denken unterstützen, weil sie im Vergleich zum Menschen mehr Wissen in einer kürzeren Zeit verarbeiten können. Computerprogramme versuchen, auf unsere Bedürfnisse einzugehen: Algorithmen sortieren unsere Neuigkeiten bei Instagram, Facebook oder Twitter. Sie steuern unsere Suchanfragen bei Google und steuern damit nicht nur die Inhalte, die wir angezeigt bekommen, sondern auch unser Suchverhalten.

Künstliche Intelligenz lernt aber nicht nur immer umfangreicher rational zu denken, sondern es wird ebenso daran gearbeitet, dass Algorithmen lernen, wie sie menschliche Emotionen interpretieren können. Beispielsweise durch Face-Filter: Bei TikTok gibt es einen Filter, der analysiert, ob die Person lacht und wie ausgeprägt das Lachen ist. Wenn Computerprogramme in der Lage sind, Emotionen zu erkennen, könnten sie emotional denken. Sie wären empathisch und könnten uns künftig auch bei emotionalen Entscheidungen unterstützen.

Durch die Zusammenführung von emotionalen und rationalen Daten können Computerprogramme bereits jetzt umfassende Persönlichkeitsprofile erstellen. Das kann beängstigend sein, aber es ist auch hilfreich.

Spotify kann durch Algorithmen unseren Musikgeschmack identifizieren und bietet mit dem *Release Radar* und dem *Mix der Woche* zwei Playlisten, die den Vorlieben der Hörer:innen entsprechen sollen. Je mehr Musik die Hörer:in über Spotify hört und je mehr sie einzelne Lieder favorisiert, umso wahrscheinlicher ist eine passende von Spotify generierte Playliste, in der auch Interpreten und Songs auftauchen, die die Hörer:in vorher noch nicht kannte.

Computerprogramme können aber weder Empathie noch Träume, Ängste oder Fantasie in ihre Prozesse einbeziehen. Und unsere Träume sollten wir auch keinem Algorithmus überlassen. Stattdessen sollten wir unserem Leben einen Sinn verleihen, indem wir unsere Träume durch emotionales und rationales Denken selbst realisieren.

Möglicherweise entwickeln Algorithmen zukünftig ein Bewusstsein und sind in der Lage zu träumen. Ob wir es ihnen beibringen können, bezweifle ich, weil wir selbst noch nicht verstanden haben, woher unsere Träume kommen.

Es sollte auch nicht unser Ziel sein, eine Künstliche Intelligenz zu programmieren, die künstlich denken kann. Wir sollten uns darauf konzentrieren, Technik als Hilfsmittel zu nutzen. Technik braucht keine Gefühle, keine Träume. Technik braucht Menschen, die sich um die Entwicklung und Wartung kümmern können und kümmern wollen, weil sie damit ihren Traum verwirklichen können.

Je emotionaler und künstlicher Computerprogramme denken, umso größer könnten unsere Konflikte mit der Künstlichen Intelligenz werden. Es könnte darin enden, dass der Mensch zum nächsten Dinosaurier des Planeten wird.

Die Technik hat außerdem das Potential, unsere Welt in eine Wissensgesellschaft zu transformieren, wenn wir uns ausschließlich auf Algorithmen verlassen. Dabei können wir auch andere Menschen in unser Handeln einbeziehen. Wir können unsere Freunde nach Musik- oder Lesetipps fragen. Wir können sie bei einem ihrer Hobbys begleiten, um herauszufinden, ob wir dafür ein eigenes Interesse entwickeln. Andere Menschen können uns unsere Gedanken spiegeln und uns dabei helfen, uns in sämtlichen Lebenslagen weiterzuentwickeln.

Vielleicht können Algorithmen das künftig auch. Aber erst wenn sie rational, emotional und künstlich denken können. Um die künstliche Intelligenz so weit zu bringen, braucht es viel Wissen. Wir müssten verstehen, woher unsere Ängste kommen, aber die sind genauso irrational wie unsere Träume.

Wir können unsere Ängste und Träume mit einer Künstlichen Intelligenz teilen, damit sie irgendwann visionär wird und uns dann dabei helfen kann, unsere Visionen zu realisieren.

Wir können aber auch mutig sein und unsere Ängste und Träume mit anderen Menschen teilen. In der Hoffnung, dass wir selbst und andere dadurch visionär werden, indem wir und andere uns weiterentwickeln und lernen, besser rational, emotional und künstlich zu denken.

MEIN WEG ZUM VISIONÄR

Ich würde mich nicht als Visionär, sondern als Träumer bezeichnen. Ich hab versucht, mit meinen Kunstwerken Geld zu verdienen, aber viele Kunstprojekte sind entstanden, weil mich der Entstehungsprozess interessiert hat. Der Entstehungsprozess eines Kunstwerks ist wie der Blick in den Spiegel: Allerdings werden mir keine Oberflächlichkeiten, sondern meine Ängste und Träume gespiegelt.

Ich wollte immer Kunst für andere Menschen machen. Kunstwerke, die die Betrachter:innen berühren, obwohl ich seit meiner Kindheit Angst vor Menschen habe. Der Ausdruck „schüchtern" verharmlost meine Angst vor Fremden. Ich war so „schüchtern", dass ich als Kind nicht bei Freunden übernachten konnte. Selbst bei meinen Großeltern war meine Angst so groß, dass mein Vater einmal durch halb Deutschland fahren musste, um mich abzuholen. Ich wollte damals in den Sommerferien nicht mit meinen Eltern zurückfahren, sondern länger bleiben, und hatte dann zu viel Angst davor alleine bei meinen Großeltern zu übernachten.

Ich war allerdings nicht einsam, sondern hatte immer Freunde. Ich konnte als Kind nur nicht mit meinen Ängsten und meinen Träumen umgehen. Meine Fantasie war so ausgeprägt, dass ich nicht nur nachts Fabelwesen gesehen habe, sondern auch tagsüber. Teilweise hatte ich dadurch so starke Kopfschmerzen, dass ich nicht einschlafen konnte und stundenlang geweint habe. Ich war in einer Kinderklinik, aber die durchgeführte Hirnstrommessung erbrachte keine Erklärung.

Trotz meiner Ängste und Träume war ich nie isoliert. Mit den Freunden meiner Kindheit bin ich bis heute befreundet. Gleiches gilt für meine Freunde aus dem Studium. Der Kontakt mit anderen Menschen ist mir zwar immer leichter gefallen, weil ich gemerkt habe, dass es keinen Grund für meine Angst gibt und viele genauso viel Angst vor dem Fremden haben. Trotzdem musste ich mich jahrelang zwingen, neue Menschen kennenzulernen, um meine Angst endgültig zu überwinden.

Ich hab 2013 während meiner Reise durch Deutschland – ich hab damals in 31 Tagen in 31 Städten sozialkritische Plakate aufgehängt – bei fremden Menschen übernachtet. Es hat mich viel Überwindung gekostet, fremde Menschen über Couchsurfing[2] um einen Schlafplatz zu bitten, und ich war jedes Mal extrem nervös, wenn ich die Menschen zum ersten Mal getroffen hab und nicht wusste, was mich erwartet.

Jahrelang hab ich auch Alkohol genutzt, um meine Angst vor fremden Menschen zu unterdrücken. Obwohl es keinen Grund für meine Angst gibt. Es gibt kein traumatisches Erlebnis in meiner Kindheit, das dazu geführt hat, dass ich so verängstigt gegenüber anderen Menschen bin. Ich hatte eine schöne Kindheit, hab mich aber beispielsweise schon als Kleinkind nicht einmal von meinen Eltern umarmen lassen. Ich bin mir auch darüber bewusst, dass die meisten Menschen mich mögen. Ich weiß, dass es eigentlich keinen Grund für meine Angst gibt. Ich weiß nicht, woher sie kommt, aber sie ist da. Wenn ich alleine irgendwohin muss, wo ich niemanden kenne, dann hab ich Angst, was mich dort erwartet.

Erwartungen sind Fluch und Segen zugleich. Sie treiben mich an, Neues auszuprobieren. Beispielsweise wollte ich wissen, was passiert, wenn ich ein Jahr nur mit dem Fahrrad reise. Ich war gespannt, wie es meine Einstellung zum Reisen verändert und womit ich mich beschäftige, wenn ich stundenlang allein im Sattel sitze. Ich hab nicht nur die körperliche, sondern auch die mentale Herausforderung gesucht. Meine längste Tour hat mich vom Schwarzwald nach Düsseldorf geführt: Ich bin in 24 Stunden 400 km gefahren.

Ich hatte keine Erwartungen, zu welchen Ergebnissen und Erlebnissen ich durch das Projekt kommen würde, aber die Hoffnung, dass das Projekt mich persönlich weiterentwickelt. Deshalb hab ich auch nicht aufgehört, weiter mit dem Fahrrad zu verreisen, als meine Motivation abnahm. Ich hatte mir zu dem Zeitpunkt bewiesen, dass ich selbst längere Strecken problemlos mit dem Rad zurücklegen konnte. Ich war durch äußere Einflüsse wie Gegenwind, schlechtes Wetter

---

[2] Eine Plattform, auf der Menschen kostenlose Übernachtungsmöglichkeiten anbieten.

oder Pannen zwar zunehmend genervt, aber die erhoffte Weiterentwicklung konnte ich nicht an mir beobachten. Deshalb war ich mir sicher: Da kommt noch was.

Es kam etwas zum Jahresende. Ich weiß weder woher noch wie oder was sich geändert hat, aber ich hab gemerkt, dass sich mein Denken verändert hat. Und irgendwann hab ich realisiert, dass ich Menschen liebe und sie nur als Belastung empfunden hab, weil ich mich jahrelang nicht getraut hab, anderen meine Grenzen zu zeigen.

Ich werde auch künftig nicht meine Grenzen schließen oder verteidigen. Ich bin für mehr Grenzöffnungen. Ich bin offen für alles und freue mich über jedes Angebot. Meine Offenheit möchte ich künftig nutzen, um anderen den Spiegel vorzuhalten. Ich will Geschichten als Texte, Videos und Gespräche veröffentlichen und mit den Inhalten zwischen rationalem, emotionalem und künstlichem Denken und Handeln vermitteln. Ich möchte das Potential der Kunst nutzen und die Betrachter:innen noch stärker inspirieren, sich mit sich und der Welt zu beschäftigen.

Das hab ich bisher auch, aber ich hab mich dabei sehr auf meine persönliche Weiterentwicklung fokussiert. Viele Werke waren für mich Abfallprodukte und es hat mich nur sekundär interessiert, ob und was andere daraus mitnehmen können. Die Videoserie „Lass Laufen"[3] hab ich zwar genutzt, um die Zuschauer:innen zu ermutigen, es laufen zu lassen. Ich wollte mit der Serie aber auch meine Fähigkeiten bei der Produktion und Animation von Videos verbessern. Dadurch sind manche Videos so dicht animiert und erzählt, dass die Inhalte den Zuschauer:innen keine Zeit geben, das Gesehene zu verarbeiten. Deshalb werde ich das Erzähltempo künftig etwas reduzieren und mehr strukturieren.

Die Kunst ist für mich eine unabhängige Vermittlerin, die niemandem verpflichtet ist. Sie muss keinen Zweck erfüllen. Ein Kunstwerk sollte aber so gestaltet sein, dass es die Betrachter:innen einlädt, sich mit dem Werk

---

[3] https://www.youtube.com/watch?v=97qguFuQGHM&list=PL_gtv6R4oBvycyW-vBJLgeqPWKiOVS2gN

auseinanderzusetzen. Deshalb möchte ich mich künftig nicht nur mit Themen befassen, die mich interessieren und mich durch den Entstehungsprozess weiterentwickeln, sondern ich will meine Kunstwerke so gestalten, dass meine Geschichten die Betrachter:innen inspirieren, die eigenen Visionen zu realisieren.

EINE VISION

2035. Es gibt keine fliegenden Autos, Roboter haben nicht die Weltherrschaft übernommen und wir können nicht beamen. Wir haben zwar weitere Strategien entwickelt, wie wir den Klimawandel stoppen könnten, aber bislang gleichen unsere Bemühungen dem sanften Tritt auf das Bremspedal, wenn ein Auto bergab fährt. Es wird langsamer, stoppt aber nicht.

Die Pandemie war ein Bremsversuch der Natur. Die Zeit wurde aber nicht genutzt, um Veränderungen zu forcieren, sondern um die Zeit zurückzudrehen. Der Status Quo wurde als sicherer Hafen bezeichnet und die Krise als schlechter Zeitpunkt, um zu experimentieren.

„Die Krise wäre damals der ideale Zeitpunkt zum Ausmisten gewesen", sagt Lisa beim Packen der letzten Umzugskartons.

„Ich weiß, aber radikale Veränderungen erfordern nicht nur Mut, sondern die wenigsten wollen bei Null anfangen. Ein Neustart klingt zwar verlockend und der Ausblick in die Zukunft regt zum Träumen an, aber um die Umsetzung sollen sich andere kümmern. Jede:r wäre gerne Visionär:in, dabei ist keine Idee Gold wert", entgegnet ihre Mutter.

„Neue Nachricht von Tim", tönt es aus einer Musikbox, die dafür kurz die Musik pausiert hat.

„Mama, du nutzt immer noch die alte Box. Ich hab dir doch zum Geburtstag die neue Uhr geschenkt", ruft Lisa. „Die erzeugt Schwingungen, so dass du direkt erkennst, wer dir geschrieben hat, und du musst nur das Handgelenk drehen, dann wird dir die Nachricht vorgelesen."

Lisa zeigt auf die Uhr an ihrem Handgelenk und wie sich die Uhr durch eine Geste mit ihren Kopfhörern verbindet.

„Du weißt, dass ich davon nichts halte. Und das ständige Vibrieren nervt mich total", erwidert Lisas Mutter.

„Du musst die Uhr nur schütteln, dann wirst du nicht gestört. Alles total einfach."

„Essen ist fertig", ruft Lisas Vater aus der Küche.

„Wieder ohne Fleisch", Lisas Mutter ist die Enttäuschung beim Anblick des Abendessens anzuhören. „Am letzten Abend hättest du uns aber auch mal etwas Gutes gönnen können", seufzt sie.

„Sibylle, du weißt, dass es nichts Besseres gibt. Außerdem warst du doch mit deinen Kolleginnen vor kurzem erst im Steakhaus – hat das nicht gereicht?", meint der Vater, während er das vegane Abendessen auf den Tellern verteilt.

„Du weißt aber, dass die Ökobilanz von Quinoa und Avocado auch nicht die beste ist?", fragt Lisa.

„Und du weißt, dass viele dich dafür beneiden, wie du aufwächst?", erwidert der Vater schnippisch.

Lisa wohnt mit ihren Eltern in der Stadt. Sie haben eine große Wohnung mit Garten und Lisa hat ein eigenes Zimmer. Ihre Eltern haben aber genug von der Großstadthektik und haben deshalb beschlossen, ins Umland zu ziehen. Lisa kann von dort zur gleichen Schule gehen und im Einfamilienhaus ist künftig nicht nur Platz für die kleine Familie, sondern auch für einen Hund.

„Ich freu mich so auf unsere eigenen vier Wände", sagt Sibylle.

Sibylle, Lisas Mutter, arbeitet für ein Technikunternehmen im mittleren Management. Sie entscheidet zwar, wie sich die künftige Technik weiterentwickelt, aber in ihrem Privatleben möchte sie möglichst wenig Technik einsetzen.

„Bist du schon wieder am Spielen?", fragt Lisas Vater.

„Nein", antwortet Lisa. Aber ihr ist anzuhören, dass sie ertappt wurde.

„Ich seh doch, dass sich die Größe deiner Pupillen verändert. Du bist doch nebenher wieder am Spielen. Du weißt, dass ich das nicht möchte. Zumindest beim Essen muss das einfach nicht sein", sagt Lisas Vater.

Lisas Vater, Melanie, ist nicht ihr leiblicher Vater. Lisas

Eltern sind beide Frauen. Das ist immer noch ungewöhnlich, und erst seitdem sich Lisas Eltern als Vater und Mutter bezeichnen, werden sie als normale Familie akzeptiert. Es zweifelt zwar niemand an der intakten Familie, aber selbst im unmittelbaren Umfeld gibt es immer noch Unverständnis für die Familienkonstellation.

Lisa verdreht die Augen. „Wenn ich die Herausforderung abgelehnt hätte, wäre ich im Ranking gefallen. Ich muss das kurz fertig spielen", sagt Lisa, die jetzt wild gestikulierend am Tisch sitzt. Für Lisas Eltern sieht das immer noch wie eine Theatervorstellung aus, obwohl sie wissen, dass Lisa zu den besten Spieler:innen weltweit zählt. Deshalb kann sie aber auch jederzeit herausgefordert werden. Nur der Schlaf wird als Pause anerkannt. Und wenn die Sensoren merken, dass die Spieler:innen nicht 100%ig fit sind, können sie auch nicht herausgefordert werden. In der restlichen Zeit müssen sie sich den Duellen stellen, andernfalls werden die monatlichen Zahlungen, die Lisa und andere Top-Spieler:innen bekommen, gekürzt oder sogar eingestellt. Die Familie ist zwar nicht auf Lisas Einkommen angewiesen, aber Sibylle und Melanie unterstützen ihre Tochter, damit sie sich frühzeitig ein eigenes Einkommen aufbauen kann.

„Yes. Strike!", ruft Lisa. Sie schlägt auf den Tisch und schüttelt dann ihre Handgelenke.

„Timeout", hören Lisas Eltern leise aus den Kopfhörern ihrer Tochter.

„Bist du jetzt im Ruhemodus?", fragt Melanie.

„Yes. Zum Glück. Die Partie war aber auch super anstrengend. Dabei war mein Gegner viel jünger", antwortet Lisa.

„Die Entwicklung wird immer schneller. Sei froh, dass du gegen Menschen spielst. Die kannst du noch besiegen. Gegen Computerprogramme wärst du chancenlos. Meine Chefin ist davon überzeugt, dass wir noch erleben werden, dass Computerprogramme eigene Träume entwickeln", sagt Sibylle.

„Ohne Evolutionssprung könnten wir die nächsten Dinosaurier werden", wirft Melanie ein.

Lisa verdreht die Augen.

„Spielst du schon wieder?", fragt Melanie.

„Nein. Diese Unterhaltung habt ihr schon so oft geführt. Als nächstes sagt Mama, dass wir der Technik immer einen Schritt voraus sein werden, weil wir sie erschaffen haben. Dann sagst du, dass sich das ändert, wenn Computerprogramme ein Bewusstsein entwickeln. Und dass Mama lieber woanders arbeiten soll und wir die Kontrolle komplett verlieren, wenn sämtliche Verwaltungs- und Zahlungsvorgänge nur noch digital ablaufen. Und am Ende hältst du wieder ein Plädoyer dafür, dass sich meine Generation immer ausreichend von der Technik abgrenzen muss", sagt Lisa. Dann fängt sie an zu essen.

„Linsen wären eine regionale Alternative zu Quinoa", ist leise aus Lisas Ohrstöpseln zu hören. Lisa wischt über ihr Ohr, um die Kopfhörer stummzuschalten.

Melanie verdreht die Augen. „Ja, ja, ja. Beim nächsten Mal wieder Linsen mit veganen Würstchen vom Bauern."

„Ich hab nichts gesagt", erwidert Lisa.

Niemand sagt mehr etwas. Stattdessen wird die Musik lauter. Die Box erkennt anhand der Umgebungsgeräusche, in welcher Lautstärke die Musik am besten abgespielt werden sollte. Außerdem analysiert die Box durch die Sensoren im Smartphone und an Smartwatches, in welcher Stimmung sich die Personen im Raum befinden. Diese Daten werden mit den Vorlieben der Personen abgeglichen, so dass die Box immer die passende Musik abspielt und erkennt, wenn Musik nicht angebracht ist.

In diesem Moment hat die Box analysiert, dass ein Hörbuch besser zur Stimmung passt. Nach dem Ende des laufenden Lieds wechselt die Box deshalb zu einer Geschichte über das Jahr 2084.

2084. Mensch und Maschine sind verschmolzen. Der Autopilot bestimmt unser Leben.

Ich reiß meine Augen auf und greif mir an den Kopf. Es ist hell. Grell. Zu hell. Das Licht wirkt warm und kalt zugleich. Um mich herum dreht sich alles. Zahlen fliegen an mir vorbei. Buchstaben. Bilder. Das immer gleiche Spiel. Mein Leben ist langweilig geworden. Alles entwickelt sich wie vorhergesagt. Die Fantasie ist verloren gegangen. Auf meine Träume hab ich keinen Zugriff. Ich hab sie gegen Glück getauscht.

Es fällt mir schwer zu denken. Vergangenes zu verarbeiten oder zu reflektieren. Das übernimmt der Autopilot. Ich muss nur glücklich sein und werde fürs Nichtstun bezahlt. Wenn ich anfange darüber nachzudenken, möchte ich wieder den Autopilot aktivieren. Ich merke, dass sich alles in mir zusammenzieht. Bis ich mich winzig klein fühle. Überflüssig. Nutzlos.

Ich wandle durch die Welt. Mein Blick ist immer noch nicht klar. Wobei ich in der Zwischenzeit gar nicht mehr weiß, was Klarheit bedeutet. Denn eigentlich ist alles klar. Alles ist eindeutig. Ich hab gelernt, was es bedeutet zu leben. Wie das Leben aussehen soll.

Wobei, „aussehen" ist der falsche Begriff. Aber wie soll ich etwas beschreiben, das ich selbst nicht mehr verstehe? Die ganze Welt wird laufend verbessert und neu analysiert. Das ist der Sinn des Lebens. Oder?

Er kann nicht aufhören darüber nachzudenken, was morgen passiert. Es soll sein großer Auftritt werden, doch eigentlich geht es ihm zu schnell. Er hat das Gefühl, sein Leben ist ein Film. Eine Szene jagt die nächste.

„Cut!", ruft der Regisseur. „Die letzten beiden Szenen müssen wir nochmal wiederholen. Das versteht der Zuschauer sonst nicht. Und denkt daran, es ist kein kurzlebiger Inhalt. Es soll zeitlos werden."

Wieder öffnet sich mein Blick. Bilder, Buchstaben und Zahlen hallen wie ein Echo nach. Ich wollte doch noch etwas zu essen kaufen. Der Bus ist gerade abgefahren. Ich muss wohl laufen.

Als sie die Augen öffnet, ist alles hell. Sie schaut ins Licht. Das kalte Krankenhauslicht wärmt sie. Sie realisiert, dass sie noch am Leben ist. Neu geboren wurde. Wieder kann sie sich nicht daran erinnern, wie sie aus der Dunkelheit gekommen ist. Um sie herum stehen lauter Menschen. Es sind unbekannte Gesichter. Sie weiß nicht, wer sie sind. Bewegen kann sie sich nicht und sprechen auch nicht. In ihrem Mund steckt ein Schlauch.

„Khikhikhi. Ein Schlauch. Lustig", denkt er und blättert zur nächsten Geschichte. Während er auf das Smartphone starrt, konzentriert sie sich auf die Straße. Es ist dunkel und regnet. Sie ist die Strecke schon oft gefahren und weiß, wie schnell sie fahren kann, ohne aus der Kurve zu fliegen. „Schau mal, was Basti gepostet hat", sagt er und hält ihr sein Gerät vor die Nase. „Lustig, oder?" Plötzlich verliert sie die Kontrolle. Er schaut auf die Straße. Hält sich fest. Sein Blick ist klar. Aber nur kurz. Dann gehen die Lichter aus.

Ich war schon wieder im Autopilot. In letzter Zeit hab ich immer häufiger das Gefühl, dass der Autopilot etwas in mir verändert. Ich behalte zwar die Kontrolle, aber es kommt mir so vor, als würden manche meiner Gedanken gelöscht. Ist das normal?

Je mehr Videos sie anschaut, umso neidischer wird sie auf das Leben der anderen. Die tollen Reisen, das leckere Essen, die neuste Technik. Und alle sind so hübsch. Muss man hübsch sein, um erfolgreich zu sein? Oder ist man selbstbewusster, wenn man hübsch ist? Und ist Selbstbewusstsein der Schlüssel zum Erfolg? Sie sitzt stundenlang allein in ihrem Zimmer und schaut auf das Leben der anderen.

Er schaltet die Kamera aus. Die Mundwinkel fallen nach unten. Geschafft. Die nächste Folge ist abgedreht.

Wieder ist die Arbeit vorbei. Der Autopilot ist deaktiviert. Ich bin glücklich. Oder?

„Ich kann mir das nicht länger anhören", sagt Lisa.

Die Box stoppt das Hörbuch.

„Was sollte denn das? Okay, wir haben über Technik und technische Entwicklungen gesprochen, aber die Geschichte klang nach schwerer Kost. Das ist doch völlig unpassend, um es beim Abendessen nebenbei zu hören, oder? Was meint ihr?", fragt Lisa ihre Mütter.

„Ich lese gerade das Buch. Vielleicht hat die Box die Geschichte deshalb abgespielt. *Eine Geschichte über das Leben braucht keinen Titel sondern Tumult*, heißt das Buch. Der Einstieg ist etwas verwirrend, aber es lohnt sich, das Buch zu lesen", sagt Melanie. „Der Autopilot ist ein Algorithmus, der das menschliche Bewusstsein nutzt, um ein eigenes Bewusstsein zu haben. Der Mensch stellt den Maschinen sein Bewusstsein zur Verfügung, und im Gegenzug können sich die Menschen darauf konzentrieren, ihre Träume und Visionen zu realisieren."

„Und, geht es gut aus?", will Sibylle wissen. „Es klingt nämlich sowohl nach einer Utopie als auch nach einer Dystopie."

„Nicht verraten, vielleicht will ich es ja noch anhören. Klingt spannend", ruft Lisa dazwischen.

„Ich kann das Ende gar nicht verraten. Ich hab es noch nicht gelesen. Ich bin erst bei der Hälfte, und die Geschichte entwickelt so viele Handlungsstränge, dass mir nicht klar ist, in welcher Zeit die Handlung überhaupt spielt. Es ist sowohl eine Zukunftsvision als auch der Rückblick in die Vergangenheit. Geschrieben wurde das Buch 2018", sagt Melanie.

„Ach, in meinem Geburtsjahr. Guter Jahrgang. Dann muss es ja ein gutes Buch sein", sagt Lisa mit einem Lächeln.

„Die Welt war auf jeden Fall noch eine andere. Die Pandemie hat damals niemand kommen sehen. Globale Bedrohungen waren bis dahin Weltkriege. Und bis heute wissen wir nicht, ob eine Künstliche Intelligenz durch die voranschreitende Digitalisierung zur Bedrohung wird", bemerkt Sibylle.

„Jetzt lasst uns nicht dieses Thema wieder aufgreifen, sondern lieber den letzten Abend genießen. Denkt lieber an all die schönen Erinnerungen in dieser Wohnung", meint Melanie.

Aus der Box ist im Hintergrund wieder leise Musik zu hören.

„Auf uns", sagt Sibylle und hebt ihr Glas.

Am nächsten Morgen klingelt Tim. Er ist vom Umzugsunternehmen und verlädt mit seinen Kollegen innerhalb weniger Stunden das gesamte Leben von Lisa, Sibylle und Melanie in einen kleinen LKW. Dann bringen sie die Sachen in die Vorstadt, wo die kleine Familie neu starten möchte.

DIE EVOLUTION ZUR ZUFRIEDENHEIT

Die Arbeit idealisiert, wie ich mir die Evolution sowie die Persönlichkeitsentwicklung vorstelle.

Unser Leben beginnt mit der Geburt und endet im Tod. Der Weg dorthin ist von Höhen und Tiefen geprägt. Wir entwickeln uns weiter und können unserem Leben durch eine Mischung aus Wissen, Empathie und Träumen einen Sinn geben. Ich glaube, wer sich dann auch noch sinnstiftend durch die Welt bewegt, wird mit dem eigenen Leben zufrieden sein.

Diesen Gedanken möchte ich auf das ganze Leben übertragen. Am Anfang war der Urknall. Dann hat sich das Leben auf der Welt entwickelt: Menschen, Tiere und Pflanzen sind entstanden. Das Paradies war nicht der Anfang, sondern ist höchstens das Ende der Geschichte. Der Mensch, Flora und Fauna haben sich unterschiedlich entwickelt. Wenn diese Entwicklung zu einem Gleichgewicht führt, beispielsweise unterstützt durch die Technik als Hilfsmittel, könnte ein friedliches Miteinander entstehen. Vielleicht bleibt das aber auch eine Utopie.

Die Evolution, Vektorgrafik, 118kb, 2021